JN034797

ラッピング
コーディネーター

武田真理恵

とことんラッピングあそび

チャイルド社

はじめに

　相手も自分もうれしい贈りもの。そして、贈る楽しみを
よりいっそう盛り上げてくれるのがラッピングです。

　私は、手を動かして何か作ることが大好きな子どもでし
た。学校を卒業し、幼稚園教諭として勤めていたときも、
機会を見つけては子どもたちと一緒に工作を楽しみ、わく
わく感を共有してきました。
　工作に苦手意識をもっている子どもでも、誰かへの贈り
物を作るとなると、とたんにイキイキと取り組み始めるこ
とを幼稚園での経験で学びました。

　最近、手先の不器用な子どもが増えていると言われます。
それは、じょうずへたにこだわることで、苦手意識をもた
されてしまっている子どもが多いからだと感じます。本来、
工作に失敗も正解もありません。
　最初から「できない！」とやらなければ、いつまでたっ
てもできるようになりません。

　そこで、本書では、折る、切る、貼る、結ぶ、組む等、
さまざまな手作業をふんだんに盛り込んだラッピングあそ

びを紹介します。

　どの作品も楽しみながら取り組むことで、しぜんと手先が器用になるように工夫しています。手先が器用になると、生活のさまざまな場面で作業がスムーズになり、落ち着いて過ごせるようになります。また、生活の自立が促されることで、自信もつき、自己肯定感も高まります。

　一人でじっくり取り組めるあそび、みんなで力を合わせるあそび――ラッピングあそびを通して、工作をもっと楽しく深めていきませんか。

　折り方、結び方など、実は大人でも、正確な方法を知らないことも多いようです。自己流でやっている方にも、本書はおおいに役に立つはず！

　相手の喜ぶ顔を思い浮かべながら、世界にたったひとつの贈りものをラッピングしましょう！

ラッピングコーディネーター

武田真理恵

「誰に贈ろう」
贈る楽しみが、工作を盛り上げます

「○○ちゃんと交換する」「ママへのプレゼント」……贈る相手を
思い浮かべながら、いろいろな素材で包んだり、プレゼントボックスを
作ったり……。みんなが笑顔になる工作あそびです。

折り紙ミニバッグ（16・17ページ）

くるくる変身カップ（22・23ページ）

キラキラペーパー（48・49ページ）

市松模様のバッグ（32・33ページ）

5

Contents もくじ

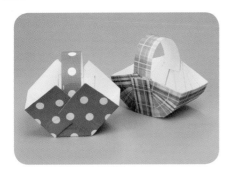

15 キャンディ
ラッピング……**42**

16 シャツ型ラッピング……**44**

17 キラキラペーパー……**48**

18 毛糸のポシェット……**50**

布ラッピング

19 着物包み……**53**

20 しずくバッグ……**54**

21 リボンバッグ……**55**

本書の使い方

本書では、保育園や幼稚園、こども園、児童館などの集団活動だけではなく、
親子でも楽しんでいただける工作のアイデアを集めました。

めやす
対象年齢を表記しました。手指の発達は経験による個人差が大きいため、あくまでめやすとして参考にしてください。

事前の準備
大人数でおこなう場合、事前に大人が準備をしておくと活動がスムーズになる工程です。可能なら子どもの活動にしてください。

アドバイス
作るときのコツや、特に注意したいポイントです。

作り方
見て作れるよう、手順を追った写真を掲載しています。

---

11 フェルトを編んで作る

めやす ②③④**⑤**歳児

ハートのバッグ

2枚のフェルトを組んでできるハート型のバッグです。
いろいろな色の組み合わせで、何個も作ってみましょう。

\しっかり編み上がる/

活動のヒント
●少し難しく感じますが、一度覚えてしまえば簡単です。最初は大人が子どもの手をとってやってみましょう。覚えるまで、ほどいてくり返し作りましょう。
●材料を多めに用意しておきます。

準備するもの
□ フェルト（2色・各1枚）
□ はさみ

事前の準備
●フェルトを横6cm×縦20cm程度に切る。

●半分に折って、輪のほうから2cm幅で切り込みを入れる。端から3cmほど残す。

アレンジ

色画用紙でも同じようにつくれます。持ち手をつけた「持ち手つきハートのバッグ」の作り方は次のページ（36・37ページ）です。

作り方

1
半分折りにした2枚のフェルトを左右に並べ、Aの1の輪にBの1をくぐらせる。

2
次にAの1をBの2の輪に通し、さらにAの1にBの3を通す。

3
今度は、Aの2をBの1の輪にくぐらせ、次にAの2にBの2をくぐらせ、最後にAの2をBの3の輪にくぐらせる。

4
❶❷と同様にAの3を、編む。

34

35

活動のヒント
子どもが楽しく取り組めるよう、大人が意識したい言葉かけや対応のポイントをまとめました。

アレンジ
作品のバリエーションや手順の工夫を紹介しています。

あそび方・発展あそび
完成した作品でのあそび方やあそびのアイデアを紹介しています。

① ラッピングあそび 主役の素材

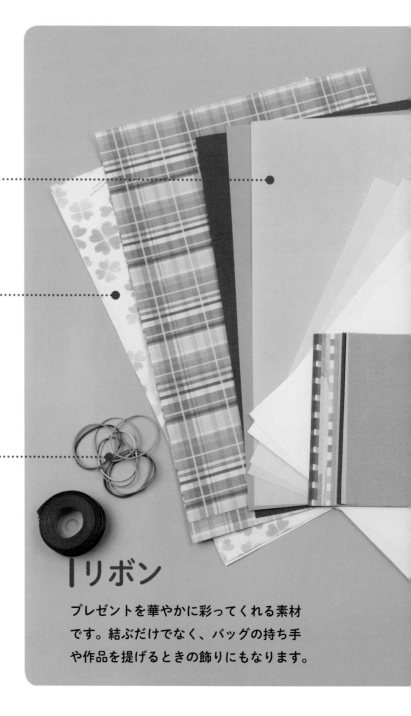

色画用紙

扱いやすく、いろいろな色を揃えやすい素材です。

包装紙

ラッピングと言えば、包装紙。いろいろな色・柄があるので、季節感も出しやすいです。

輪ゴム

仮止めに便利です。カラーゴムなら、見えてもかわいいです。

リボン

プレゼントを華やかに彩ってくれる素材です。結ぶだけでなく、バッグの持ち手や作品を提げるときの飾りにもなります。

┃コピー用紙

絵を描いたり、スタンプを押し
たり、コラージュしたりすれば、
オリジナル包装紙になります。

┃紙袋

大きさ、紙の厚さ、マチの有無
など、さまざまなタイプのもの
があります。マチのあるものは、
大きなものや立体物、複数のも
のを入れるラッピングに適して
います。

┃モール

リボンを結べない子どもでも、
袋の口などを簡単に止められま
す。

┃ハンカチ

小物を包むのに向いています。

┃折り紙

身近で、手軽な紙素材です。無地のほか、柄入り
のものや両面に色がついたもの、ホイルカラー、
透明折り紙など、さまざまなタイプがあります。

┃バンダナ

少し大きなものを包むのに向い
ています。

② ラッピングあそびを 盛り上げる脇役素材

|毛糸

冬のラッピングに温かさ
をプラスしてくれます。

|紙皿

さまざまな大きさ、形
があり、適度な厚みが
あるので丈夫です。

紙パック （牛乳、茶、 ジュースなど）

手軽に揃えることができ、大き
さも統一されているので、大勢
で制作するのに便利です。丈夫
さも魅力。

プラスチック製 フードパック

透明な素材ならではの楽しみ方がで
きます。

|丸シール

ラッピングに封をするときに便利
です。ラッピングの飾りつけにも
使えます。

プラカップ

中が見えるので、ラッピング
あそびの範囲が広がります。

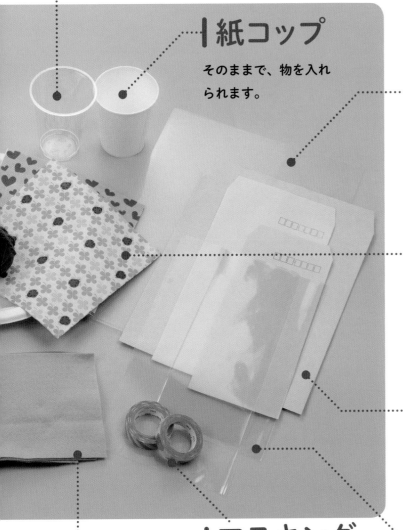

紙コップ

そのままで、物を入れ
られます。

クリア
フォルダ

紙の作品をしっかり丈夫な仕上
がりにします。

ペーパー
ナプキン

柔らかいものや複数のものをま
とめて包むのに最適です。クシ
ュっと包むとかわいい。

封筒

ひと手間かけることで、事務用
の封筒もかわいらしいラッピン
グ素材になります。

フェルト

端の始末をしないです
むので扱いやすい素材
です。

マスキング
テープ

さまざまな色や柄のものがあ
ります。粘着力が弱くはがせ
るので、貼り直しができます。

OPP 袋

中身を見せたいラッピングにお
すすめです。お菓子や木の実な
ど細かいものをまとめて入れる
のにも向いています。

1 折るだけでできる

めやす ② ③ ④ ⑤ 歳児

折り紙ふうとう

切ったり貼ったりの工程がなく、折るだけでできるふうとうです。
大きな紙で作れば、作品袋にもなります。

誰に手紙を書こうかな？

活動のヒント

● 包装紙などいろいろな柄の紙を使うと、できあがりの
　変化があり、楽しめます。

● 折って作ったら、「お手紙ごっこ」や「郵便ごっこ」な
　どであそびましょう。

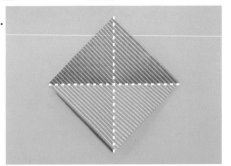
準備するもの

☐ 折り紙や正方形に切った包装紙

事前の準備

● いろいろな柄の包装紙を、正方形（折り紙大）に切っておく

1 ⋯⋯⋯⋯⋯⋯⋯⋯

折り紙を三角に2回折って折れ線をつける。

2 ⋯⋯⋯⋯⋯⋯⋯⋯

2回折る。

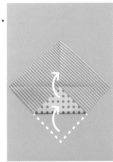

3 ⋯⋯⋯⋯⋯⋯⋯⋯

三等分になるように、左右それぞれまん中に向けて折る。

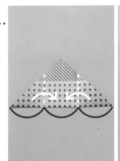

4 ⋯⋯⋯⋯⋯⋯⋯⋯

手前の部分を半分に折り返し、指を入れて立て、広げるようにしてつぶす。

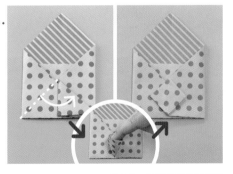

アレンジ

ポケットを内側に折り込むと、形が変わります。

5 ⋯⋯⋯⋯⋯⋯⋯⋯

フタをするように折り、先を差し込む。

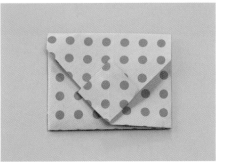

2 同じ折り方で2種類

折り紙ミニバッグ

「紙コップ」の折り方に、少し手を加えれば
おしゃれなミニバッグになります。

いくつも作ろう

活動のヒント

●包装紙を大きさの違う正方形に切って、いろいろなサイズのバッグを作ってみましょう。

●紙染めの発展あそびとしてもおすすめです。世界にたった一つのバッグになりますね。

準備するもの

☐ 折り紙や正方形に切った包装紙

☐ はさみ

1

折り紙を半分に折り、左右それぞれ矢印の方向に折る。

2

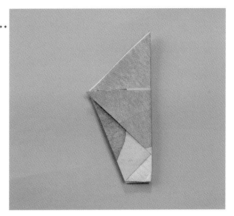

縦半分に折る。

3

はさみで切り込みを入れる。

ここに切り込みを入れる

4

開いて、上の三角の部分がフタになるように折る。

シールなどを貼ってとめてもいい

アレンジ

作り方①のあと、上の三角形の手前の1枚を折り込みます。手紙などを入れてフタをすれば、持ち手のないタイプのできあがり。

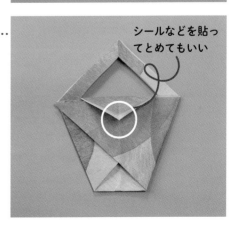

3 紙コップを重ねて

めやす
② ③ ④ ⑤ 歳児

プレゼントカップ

中にプレゼントを入れてから紙コップをかぶせます。
4か所切り込みを入れ、輪ゴムやリボンをかけるのがコツです。

開けるのが楽しみ！

活動のヒント

● 5歳児はひも結びを練習する機会にしてみましょう。

● 子どもの技術に応じて、大人が手助けします。

準備するもの

- ☐ 紙コップ（2個）
- ☐ マスキングテープ
- ☐ はさみ
- ☐ 輪ゴム（2本）や毛糸など（紙コップを2つ重ねた高さの4倍程の長さのもの・2本）
- ☐ 丸シールなど

発展あそび

イースターの「エッグハント」のように、隠して探しっこや、木にぶらさげて収穫あそびなどをしてみましょう。

1

プレゼントを入れてから、もう1つの紙コップを合わせ、マスキングテープでとめる。

2

紙コップのふちにそれぞれ4か所ずつ、切り込みを入れる。

3

シールなどで自由に装飾する。

4

切り込みに引っかけるようにしながら輪ゴムやひもを1本かける。

ひもの場合は上で結ぶ

5

もう1本を十字にかける。ひもやリボンは上で結んで、余った部分は切る。

洗濯ばさみが決め手

ライオンレターラック

紙皿を2枚重ねてレターラックにします。切る、貼る、はさむなど、
手指を使う作業がたっぷりの工作です。

\ここに手紙をさすよ/

活動のヒント

●どの作業も難易度は高くないので、できる限り子ども
　にさせるようにします。
●洗濯はさみの色や位置に決まりはありません。子ども
　の自由に任せましょう。

作り方

準備するもの

- □ 紙皿（2枚）
- □ はさみ
- □ ボンド
- □ 色画用紙や折り紙
- □ カラーペン
- □ のり
- □ 洗濯ばさみ
- □ リボンなど

事前の準備

●紙を切って、耳、目、鼻などのパーツを用意しておく。

※型紙（59ページ）を用意しておき、子どもがパーツに切ってもよい。

アレンジ

ライオンの顔ではなく、太陽や花に変えても楽しいです。

1

紙皿1枚の上部を切り取る。

およそ3分の1

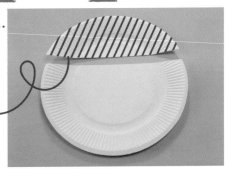

2

❶で切った紙皿の大きいほうと切っていない紙皿をボンドで貼り合わせる。

紙皿の底が外側になるように貼り合わせる

手で押さえてしっかり貼る

3

ライオンの顔を作る。耳、目、鼻などのパーツをのりで貼る。ペンで描いてもよい。

4

ライオンの顔を切ったほうの紙皿に貼り、さらに自由に装飾する。

5

紙皿の周囲に洗濯ばさみをつける。ぶら下げるときは、上に穴をあけ、リボンなどを通す。

5 2種類のコップを使って

くるくる変身カップ

絵を描いた紙コップとプラカップを重ねて、絵替わりを楽しみます。

回すと絵が変わる

活動のヒント

● 最初に見本を示して、作品がイメージできるようにします。

● カラーペンだけでなく、シールなどを使ってもいいですね。

準備するもの

- ☐ 紙コップ（1個）
- ☐ 透明プラカップ（1個）
- ☐ 油性カラーペン
- ☐ モール（2本）
- ☐ セロハンテープ

事前の準備

※プラカップは、紙コップよりひとまわり大きく、高さの低いものを用意する

アレンジ

プラカップをもう1個増やすと（全部で3個重ねる）バリエーションが広がります。

作り方

1 中に入る紙コップに絵を描く。前面と裏側と2場面描く。

動かさない紙コップと、動かす紙コップそれぞれに何を描くか、最初に考えておくとよい	例
	紙コップ ：景色（晴れと雨） プラコップ：人（男の子と女の子）
	紙コップ ：人 プラコップ：髪型や洋服
	など

2 プラカップを重ね、外側のプラカップに絵を描く。

カップがペコペコして描きにくい場合は、中に新聞紙などをつめると描きやすい

3 モール2本をくるくる巻いて1本にする。

4 外側のプラカップにモールの両端をそれぞれセロハンテープでつけ、持ち手にする。

6 動かせるのが楽しい

プレゼントカー

タイヤが回って動くプレゼントケースを作ります。
タイヤの作業を大人がおこなえば、3歳児でも作れます。

めやす ② ③ **④ ⑤** 歳児

タイヤがくるくる回って動くよ

活動のヒント

●工作を始める前に、どんなプレゼントを運びたいか、それを運ぶにはどんな車がいいかを想像しましょう。
●竹串の扱いに気をつけながら作りましょう。

準備するもの

- □ 紙皿（1枚）
- □ カラーペン
- □ 竹串2本
- □ マスキングテープ
- □ ペットボトルのフタ（4個）
- □ 洗濯ばさみ（2個）
- □ はさみ
- □ ボンド
- □ ティッシュペーパー
- □ 丸シール
- □ 千枚通し

洗濯ばさみ
は穴の開いた
ものを。

事前の準備

●ペットボトルのフタに千枚通しで竹串が通る大きさに穴を開ける。

アレンジ

タイヤを作らず、洗濯ばさみで挟んで立たせて、ラックにしてもいいですね。

作り方

1

紙皿を半分に切り、それぞれの裏面にカラーペンなどで自由に絵を描いて、ボンドで紙皿のふちを貼り合わせる。

ここは
貼らない

2

竹串の根元にマスキングテープを巻き、ペットボトルのフタに通す。さらに、洗濯ばさみ、ペットボトルのフタの順に通す。

マスキングテープを巻いたところまで通す

ペットボトルのフタの向きに注意！

3

フタの位置にはさみを沿わせて竹串を挟み、傷をつけてから手で折る。

はさみをグリグリと
動かし傷をつける

4

ペットボトルのフタの中にボンドを入れてティッシュペーパーを詰め、丸シールでとめる。2つ作り、紙皿を挟む。

2つ作る

プチバスケット

水に強くて丈夫なバスケットです。散歩に持っていき、
拾ったり集めたりした木の実や小石を入れてもいいでしょう。

いろいろな柄で作ろう

作り方②で切り込みを
増したタイプ

活動のヒント

● 包装紙などいろいろな柄の紙を使うと、できあがりの
変化があり、楽しめます。

● 折って作ったら、「お手紙ごっこ」や「郵便ごっこ」な
どであそびましょう。

準備するもの

- □ 紙パック・1 リットル（1個）
- □ 色画用紙や包装紙など
- □ のり
- □ はさみ
- □ 両面テープ
- □ ホチキス
- □ カッターや釘など

事前の準備

● 紙パックの側面を3面分（本体）と、残り1面の1/2（持ち手）に切り分ける。色画用紙や包装紙を紙パックと同じサイズに切る。

● 本体に3等分の線を引き、カッターで軽く傷つけて折りやすくしておく。

● 紙パックの外側の面にカッターや釘などで傷をつけ、紙を貼りやすくする。

作り方

1

紙パックの柄の面に色画用紙や包装紙をのりで貼る。

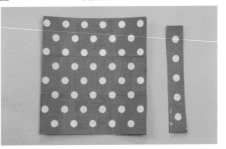

2

傷をつけておいた三等分の線を折り、折り目に沿って4か所に切り込みを入れる。

3

紙の上から両面テープを貼る。

両面テープ

4

左右の部分をまん中で貼り合わせる。反対側も同じように貼り合わせる。

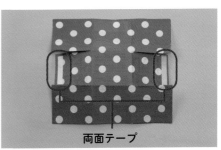

内側からセロハンテープなどで補強するとよい

5

持ち手をホチキスでつける。

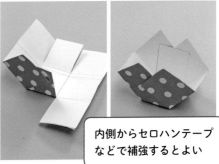

8 絵が浮かび上がる

キラキラボックス

絵が立体的に見えるだけでなく、
ステンドグラスのようにキラキラ光ります。

活動のヒント

● 表面に輪郭を描き、裏面から色を塗ることで、色が混ざらずきれいに仕上がります。

● リボンでストラップをつけたり、持ち手をつけてバッグに仕上げるのもよいでしょう。

準備するもの

- ☐ プラスチック製フードパック
- ☐ 油性ペン（黒）
- ☐ 油性カラーペン
- ☐ 色画用紙
- ☐ はさみ
- ☐ 銀色の折り紙
- ☐ のり
- ☐ セロハンテープ

1

フードパックのフタのおもて面に油性ペン（黒）で絵の輪郭を描く。

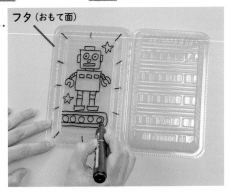

フタ（おもて面）

2

フタの裏面から、輪郭線の内側に油性カラーペンで色を塗る。

フタ（裏面）

3

色画用紙をフタの大きさに合わせて切る。それより一回り小さく銀色の折り紙を切って、色画用紙にのりで貼る。

発展あそび

フードパックを使っているので、お菓子などを入れてもいいですね。

4

銀色の折り紙がフードパックのフタの内側になるようにして、セロハンテープで貼る。

フタ

出てくるボックス

大きさの異なる箱をたくさん作って入れ子にします。
作れば作るほど、きれいに作れるようになります。

\ 開けても開けても…… /

活動のヒント

● 色を変えてたくさん作りましょう。1人でたくさん作っても、みんなで協力して作ってもいいでしょう。

● どんどん大きな箱を作って、いくつ重ねられるかのチャレンジも楽しいです。

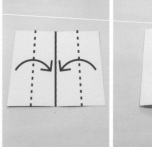

作り方

準備するもの

□ 色画用紙を正方形に
切ったもの（直径が1
cm異なるサイズの正方形、
2枚で1組）

□ はさみ

□ のり

事前の準備

●正方形の紙を作っておく。

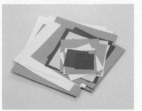

※型紙（60ページ）をご活
用ください。

発展あそび

積み木のように積んだり、
並べたりしてあそんでも楽
しいです。

1

色画用紙を半分に折
って折れ線をつけ、
線に合わせるように
左右を折る。

2

一旦開いて向きを変
え、①と同様に折っ
て折り目をつける。

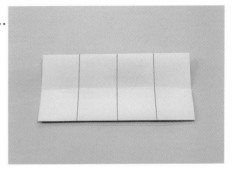

3

はさみで4か所に切
り込みを入れる。

切り込み

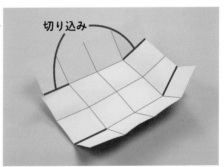

4

4か所の角にのりを
ぬり、紙を立てて貼
り合わせる。

のり

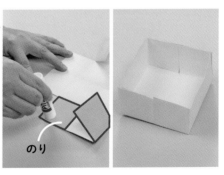

5

小さいサイズが箱の
本体、大きいほうが
フタになる。

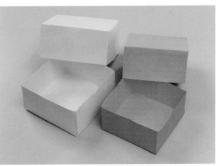

2色の紙を編んで作る

市松模様のバッグ

マチをつけた容量たっぷりのバッグです。
紙編みやじゃばら折りなど、手指をたっぷり使って作ります。

色の組み合わせ
を楽しんで

活動のヒント

●紙編みやじゃばら折りは、いろいろな工作に利用でき
　ます。しっかり覚える機会にしましょう。

●色を選ぶ時間をゆっくりとり、配色を楽しみましょう。

準備するもの

- ☐ 色画用紙（A4・2枚）
- ☐ 色画用紙（じゃばら用・一辺 10〜12cmの正方形・2枚）
- ☐ はさみ
- ☐ のり
- ☐ クリアファイル（A4・1枚）
- ☐ ホチキス
- ☐ 両面テープ
- ☐ リボン

事前の準備

●色画用紙に線を引いておく。

ここを1〜2cm残す

1枚は、短辺の端を1〜2cm残して3cm幅に縦線を、もう1枚は3cm幅に横線を引く。

※型紙（62・63ページ）をコピーしてご活用ください。

●じゃばら用の色画用紙は一辺10〜12cmの正方形に切っておく。

作り方

1

線に沿って切る。

切り離さないように注意！

2

切り込みを入れたほうの色画用紙の端から短冊を差し込み、交互にくぐらせる。

端までくぐらせたら、上に移動させる。

3

最後の1枚はのりで貼り、クリアファイルに入れてホチキスでとめる。

はみ出した部分は反対側に折り込んで貼る

4

マチ用の色画用紙2枚をじゃばらに折り、クリアファイルに両面テープで貼り付ける。

5

バッグの開き口にそれぞれ、リボンを両面テープで貼る。

11 フェルトを編んで作る

ハートのバッグ

2枚のフェルトを組んでできるハート型のバッグです。
いろいろな色の組み合わせで、何個も作ってみましょう。

めやす
② ③ ④ **5** 歳児

しっかり編み上がる

活動のヒント

● 少し難しく感じますが、一度覚えてしまえば簡単です。
　最初は大人が子どもの手をとってやってみましょう。
　覚えるまで、ほどいてくり返し作りましょう。

● 材料を多めに用意しておきます。

準備するもの

- ☐ フェルト（2色・各1枚）
- ☐ はさみ

事前の準備

● フェルトを横6cm×縦20cm程度に切る。

● 半分に折って、輪のほうから2cm幅で切り込みを入れる。端から3cmほど残す。

アレンジ

色画用紙でも同じようにつくれます。持ち手をつけた「持ち手つきハートのバッグ」の作り方は次のページ（36・37ページ）です。

 作り方

1

半分折りにした2枚のフェルトを左右に並べ、Aの1の輪にBの1をくぐらせる。

2

次にAの1をBの2の輪に通し、さらにAの1にBの3を通す。

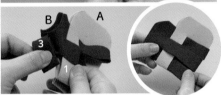

3

今度は、Aの2をBの1の輪にくぐらせ、次にAの2の輪にBの2をくぐらせ、最後にAの2をBの3の輪にくぐらせる。

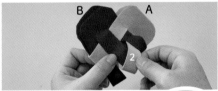

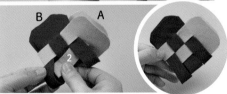

4

❶❷と同様にAの3を編む。

12 色画用紙で作る

ハートのバッグ 持ち手つき

「ハートのバッグ」は色画用紙でもフェルト（34 ページ）と同じように作ることができます。紙テープで「三つ編み」をして、持ち手もつけてみましょう。

「三つ編み」を覚えよう

活動のヒント

● 紙の色の組み合わせを変えてたくさん作ってみましょう。

● いつでも自由に楽しめるように材料を用意しておくとよいでしょう。

準備するもの

- □ 色画用紙(2色・各1枚)
- □ 紙テープ(3色)
- □ はさみ
- □ のり
- □ セロハンテープ

事前の準備

● 紙テープを30cm程度に切っておく。

1

1本の紙テープの端に、2本の紙テープをのりで貼る。

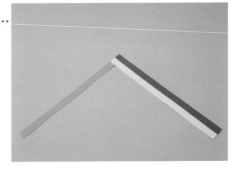

2

いちばん右端の紙テープ(赤色)を、左の紙テープ(緑色)に沿うように90度折る。

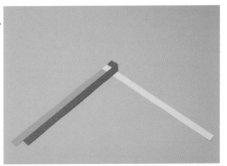

3

今度は、左端の紙テープ(緑色)を、右の紙テープ(黄)に沿うように90度折る。

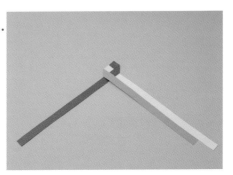

4

次は、右端の紙テープ…というように、常に「2本並んだほうの外側の紙テープを90度折る」のをくり返して持ち手を作る。

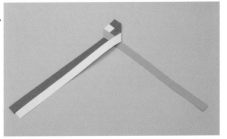

5 画用紙でハートのバッグを作り(作り方は35ページ)、その内側に、セロハンテープなどで貼り付ける。

13 ぬいとりの練習

ちくちくぬいミトン

針と糸を使ってぬいとりをします。ぬいとりの方法を身につけましょう。

ちくちくぬえるかな？

活動のヒント

● 「下から刺して上に抜いたら、次は上から刺して下に
　抜く」この順番をくり返し伝えながらおこないます。

● 仕上げに、折り紙やリボンで飾ったり、カラーペンや
　クレヨンで絵を描いたりしましょう。

作り方

準備するもの

- □ 針
  （ふとん針など太いもの）
- □ 毛糸
  （細・縫う長さの約6倍）
- □ 色画用紙（A4・2枚）
- □ はさみ
- □ 段ボール
- □ 目打ち
- □ 折り紙、カラーペン、
  フェルトなど
- □ のり

事前の準備

● 色画用紙を半分に折って、
  2枚重ねて切る。<u>輪の部分は切らない。</u>

型を用意すると便利

● 段ボールの上で、目打ちで運針用の穴を開ける（1cm間隔）。

1

針に細い毛糸を通し2本どりにして、端を一つ結びにする。

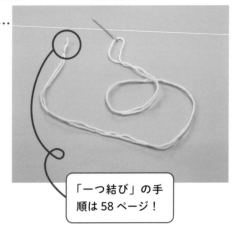

「一つ結び」の手順は58ページ！

2

端からぬいとりをしていく。紙の下から針を刺して上に抜き、糸を全部引く。次は上から針を刺して下に抜く、をくり返す。

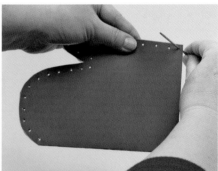

1回1回、糸を引き切る

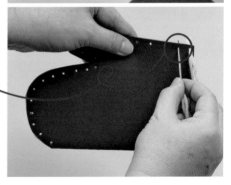

3

最後、同じ位置で一つ結びを2回する。

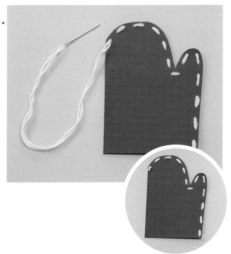

39

14 テトラとじゃばら折りで

おひなさまラッピング

中にプレゼントが入れられるキュートなおひなさまです。
封筒を使えば簡単に作ることができます。

ちょこんとお座りが
かわいい

活動のヒント

● 単色の封筒を使うときは、カラーペンなどで模様を描
　いたり、シールを貼ったりして装飾しましょう。

● しゃくや扇、冠は折り紙などで自由に作りましょう。

作り方

準備するもの

- ☐ 包装紙
- ☐ マスキングテープ
- ☐ 折り紙（顔や冠、扇など）
- ☐ カラーペン
- ☐ はさみ
- ☐ のり

事前の準備

● 包装紙で細長い封筒を作る。

● 折り紙を顔や冠などの形に切っておく。

アレンジ

同じ作り方で、天地を逆にすると「きつね」ができます。

1

最初にプレゼントなどを入れ、口を閉じる。

封筒の折り目どうしを合わせる

2

封筒をたてに置き、口のほうから少しずつつぶしていく。

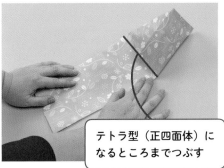

テトラ型（正四面体）になるところまでつぶす

3

口のほうから1cm幅でじゃばら折りをする。

4

じゃばら折りの中央をマスキングテープでとめ、左右のじゃばらを立たせる。

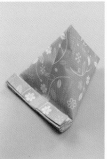 

5

顔や冠、しゃくや扇などを作って飾る。

15 ペーパーナプキンで作る

めやす ② ③ **④ ⑤** 歳児

キャンディラッピング

ペーパーナプキンをじゃばら折りにします。リボンをほどかなくても
きれいに中身が取り出せるラッピングです。

いろいろなものを
くるんでキュッ

活動のヒント

● 端を輪ゴムで止めたときは、さらにリボンで結ぶとプ
　レゼントラッピングらしくなります。

● リボン結びに興味をもった子どもは、チャレンジでし
　てみましょう（「リボン結び」の手順は 47 ページ）。

準備するもの

- ☐ ペーパーナプキン
  （不織布などでもよい）
- ☐ マスキングテープ
- ☐ 輪ゴムやモールなど

1

ペーパーナプキンを
下端から中央に向か
ってじゃばらに折り
進め、まん中で止め
る。

2

テープで仮止めし、
上下をひっくり返し
て反対側も同じよう
に中央に向かってじ
ゃばらに折る。

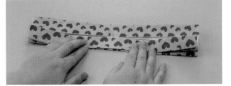

3

左右の端を輪ゴムや
モールでとめる。

4

開いて、プレゼント
を入れ、閉じる。

発展あそび

バスタオルやシーツなどを
使って、大きなものをラッ
ピングしてみましょう。

5

両端のじゃばらを広
げてボリュームを出
す。

16 リボン結びが決め手!

めやす
② 3 4 **5** 歳児

シャツ型ラッピング

市販の紙袋の変身アイデアです。「そでなしシャツ」はマチなしの紙袋、
「そでありシャツ」はマチつきの紙袋で作ります。

リボンとネクタイ、どっちにする?

そでなしシャツ

そでありシャツ
作り方　46 ページ

活動のヒント

●リボン結びを覚える機会にしましょう。
●中にメッセージカードを入れて、父の日のプレゼント
　にしてもいいですね。

準備するもの

- ☐ 市販の紙袋
  （マチなし）
- ☐ リボン
- ☐ はさみ

1

裏面

紙袋にプレゼントを
入れてから、裏面の
口の部分にリボンを
のせて、巻き込むよ
うにしながら2回
折り込む。

2

折り目のすぐ下に、
左右とも切り込みを
入れる。

紙袋の横幅の4
分の1ずつ切る

3

表に返し、切り込ん
だ部分を斜め下に折
る。

4

「リボンの結び」の
手順は47ページ

リボン結びをする。

5

裏返して、角を折る。

そであり シャツ型

準備するもの

☐ 市販の紙袋
（マチつき）

☐ リボン

☐ はさみ

1

紙袋の口の部分にリボンをのせて、巻き込むようにしながら2回折り込む。

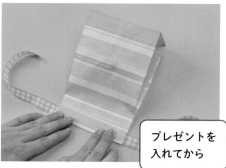

> プレゼントを入れてから

2

マチの部分が全部切れるところまで切り込みを入れる。

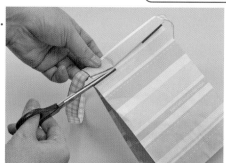

3

「そでなしシャツ」の作り方③と同じようにしてえりを作り、リボンを1回結ぶ。

4

短く切ったリボンをえり元に巻いてセロハンテープでとめ、結び目に見立てる。

> 「ネクタイ」を適当な長さに切る

5

マチの部分を少し外に引き出したところで折り、そでを作る。

ラッピング講座①

リボン結び

リボン結びを練習します。「シャツ型ラッピング」だけではなく、箱などにリボンを結んでみましょう。

※写真では、説明をわかりやすくするため、色の違う2本のリボンを使っています。

1 リボンを交差させる。右手（黄色）のリボンを上から手前にもってくる。

2 右手（黄色）のリボンを、茶色のリボンにくぐらせる。

3 結び目を右手の中指で押さえつつ、人差し指に茶色のリボンをひっかけ輪を作る。

4 根元を左手でつまむ。

5 黄色のリボンを上から回して結び目の下から輪にくぐらせる。バランスを見ながらリボンを左右に引く。

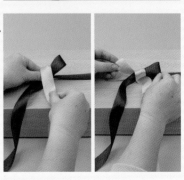

キラキラペーパー

黒色の紙を折って切り、できた模様を使って
ステンドグラスのように仕上げます。

どんな切り抜きができるかな？

活動のヒント

● 子どもの自由に切らせますが、うまくできないでいる
　ときは、大人が手助けしましょう。

● 折り紙を開くまでどんな形ができるのかわからないお
　もしろさを感じられるように声をかけましょう。

準備するもの

- ☐ 折り紙や色画用紙（黒）
- ☐ OPP（透明）袋
- ☐ はさみ
- ☐ セロハンテープ
- ☐ 油性カラーペン

事前の準備

- ● OPP袋は紙がぴったり入るサイズに。または、OPP袋に合わせて紙を切る。
- ● OPP袋はテープ付が便利。

アレンジ

紙をクリアファイルに入れて紙のサイズに切り、くるりと巻いて中にライトを入れるとスタンドになります。

作り方

1
折り紙を三角に3回折る。

2
何か所かを自由に切り取る。

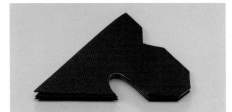

3
開いてOPP袋に入れ、紙のサイズに合わせて袋を折って閉じる。

4
切り抜いた穴の部分に、裏面からカラーペンで色をぬる。

> たくさんの色を使うときれい

18 ぐるぐるたくさん巻いて

めやす ② ③ **4 5** 歳児

毛糸のポシェット

紙皿に毛糸をぐるぐる巻いただけのポシェットです。
毛糸の色や巻き方次第で、オリジナルな作品になります。

／どんどん巻こう／

活 動 の ヒ ン ト

● たくさんの色の毛糸を用意し、好きな色を選べるよう
にします。3色使うとおしゃれな仕上がりになります。

● 切り込みを入れるところまで保育者がおこなえば、3
歳児でも楽しめます。

準備するもの

- □ 紙皿（23cm・2枚）

※ 少し厚手の紙皿がよい。

- □ ボンド
- □ はさみ
- □ 毛糸
- □ リボン

事前の準備

● 紙皿のふちから5cm内側に線を引いておく。

アレンジ

紙皿の中央部分をくり抜き、2枚貼り合わせて丈夫にし、ふちに切り込みを入れて毛糸を巻くとリースになります。

作り方

1

紙皿2枚を線に沿ってはさみで切り、それぞれ皿のおもてが内側になるようにボンドで貼り合わせる。

2

紙皿のふちに、2cm程度の間隔で切り込みを入れる。

> はさみの先を使って5mmほど切る

3

毛糸の端5cmほどのところを結んで玉を作り、切り込みに引っかける。毛糸を紙皿に沿わせながら自由に巻いていく。

> どの切り込みから始めてもよい

> 必ず切り込みにひっかけながら巻く

4

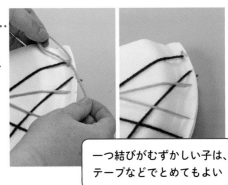

毛糸の色を変えて2、3本、同じように巻く。それぞれ巻き終わりは、紙皿のふちの位置で一つ結びをして止める。

> 一つ結びがむずかしい子は、テープなどでとめてもよい

3

紙皿の両端に穴を開け、リボンをつけてできあがり。
（保育者がおこないます）

布ラッピング

布でもラッピングあそびが楽しめます。
たたんだり、結んだりしてみましょう。

２つの結び方を覚えよう

⑲ 着物包み

⑳ しずくバッグ
作り方　54 ページ

㉑ リボンバッグ
作り方　55 ページ

活動のヒント

●布ラッピングでは、結んだりほどいたりを楽しみなが
ら、「ひとつ結び」と「真結び」を覚えましょう。
●いろいろな物を布で包んでみましょう。

ペットボトルに着せる ように布を巻いて

着物包み

着物を着せるように布を巻きます。
顔をつければかわいい人形になりますね。

準備するもの

☐ 布（正方形）
☐ ペットボトル
☐ 輪ゴム

作り方

1 布のペットボトルを置き、布を持ち上げ、2cm程度後ろに折る。

2 ペットボトルに着物を着せるように、左右それぞれ手前で重ね合わせる。

3 重ね合わせたところを輪ゴムでとめて押さえる。

4 手前の布の両端をつまんで持ち上げ、手前に2回2cmほどの幅に折る。

「真結び」の手順は56ページ

5 布を左右それぞれペットボトルの後ろに回す。向きを変えて、「真結び」をする。

20 3か所ぎゅっと 結ぶだけ

しずくバッグ

布を結んで、ひっくり返して作ります。
コロンとしたしずく型が
かわいらしいバッグです！

準備するもの

□ 布（正方形）

作り方

1 布の裏面が外側になるように、三角に折る。

「一つ結び」の手順は58ページ

2 両端をそれぞれ「一つ結び」する。

3 結び目が内側に入るように、布をひっくり返す。

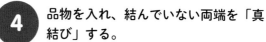

「真結び」の手順は56ページ

4 品物を入れ、結んでいない両端を「真結び」する。

21 結び目が アクセント

リボンバッグ

包んでから、3か所を結んでできあがり。
結び目がリボンのようではなやかな
バッグになります

準備するもの

☐ 布（正方形）

1 布の裏面を上にして広げ、中央より少し奥に品物を置く。

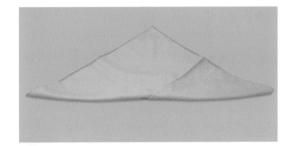

2 布を三角に折る。

> 「一つ結び」の手順は 58 ページ

3 布の左右の端を「一つ結び」する。

> 「真結び」の手順は 56 ページ

4 まん中を「真結び」にする

ラッピング講座②

真結び

結び目がゆるまず、ほどくのも
簡単な結び方です。

※わかりやすいよう、左右の色を
　変えています。

結び方

1 左の布（黄）を上にして交差させ
る。

2 上にした布（黄）をぐるりとくぐ
らせる。

3 布（黄）を左に倒す。

ほどき方

1 一方の布（赤）の先を反対側（左側）に倒す。

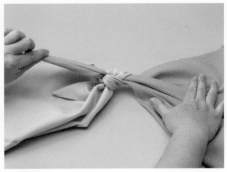

2 布先を左にぎゅっと引っ張る（右側の布の部分をしっかり押さえながら）。

3 結び目を軽く押さえながら、布を右に引き出す。

これで抜けないときは、「縦結び（堅結び）」になっているかもしれません。

4 布（赤）を上から手前に持ってくる。

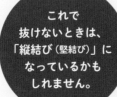

5 布（黄）の中を通して、左右にそれぞれ引っ張る。

ラッピング講座③

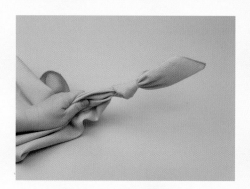

一つ結び
（止め結び）

風呂敷などで包むときに使う
基本の結び方です。簡単ですが、手順
を確認しましょう。

結び方

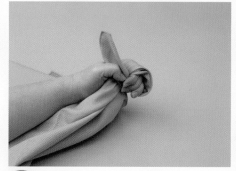

1 左手にぐるりと布を巻いて輪を
作る。

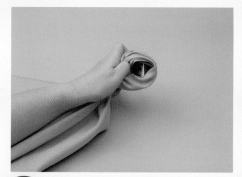

2 布を巻いた指をはずし、布先を
向こう側から輪に入れる。

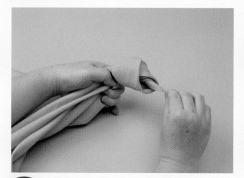

3 布先を手前に引き出し、きゅっ
と引っ張る。

型紙

ライオンのパーツ（20・21 ページ）

コピーして、自由に色を塗るなどしてお使いください。直径18cm程度の紙皿に合わせたサイズになっています。使用する紙皿に合わせて、拡大縮小してお使いください。

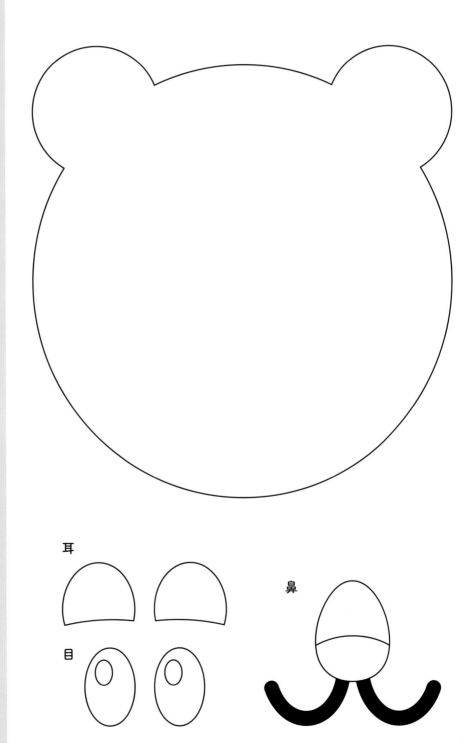

耳

目

鼻

出てくるボックス（30・31 ページ）

1 cm異なるサイズの正方形を組み合わせて、本体とフタ
になります。7 cm〜 24cmまで、18 サイズのスケールを
用意しました。正方形づくりにご活用ください。

〈型紙の使い方〉

❶コピーして厚紙に貼る。
❷各サイズごと切り離す。
❸スケールを使って、色画用紙や包装紙に折り目をつけ
　たり、線を引いて正方形を作る。

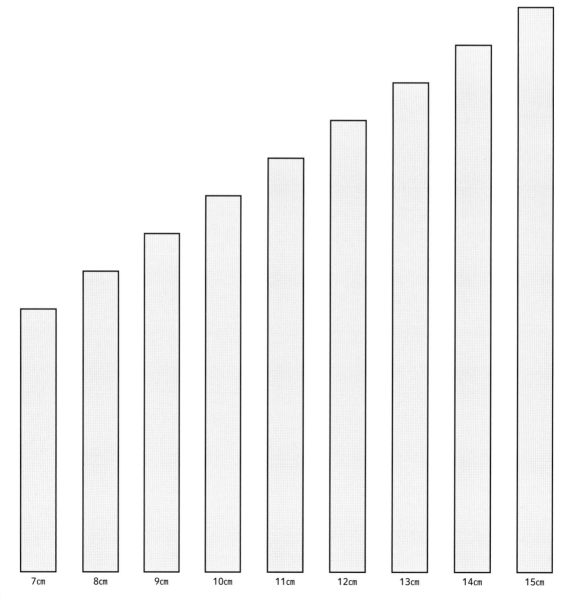

| 7cm | 8cm | 9cm | 10cm | 11cm | 12cm | 13cm | 14cm | 15cm |

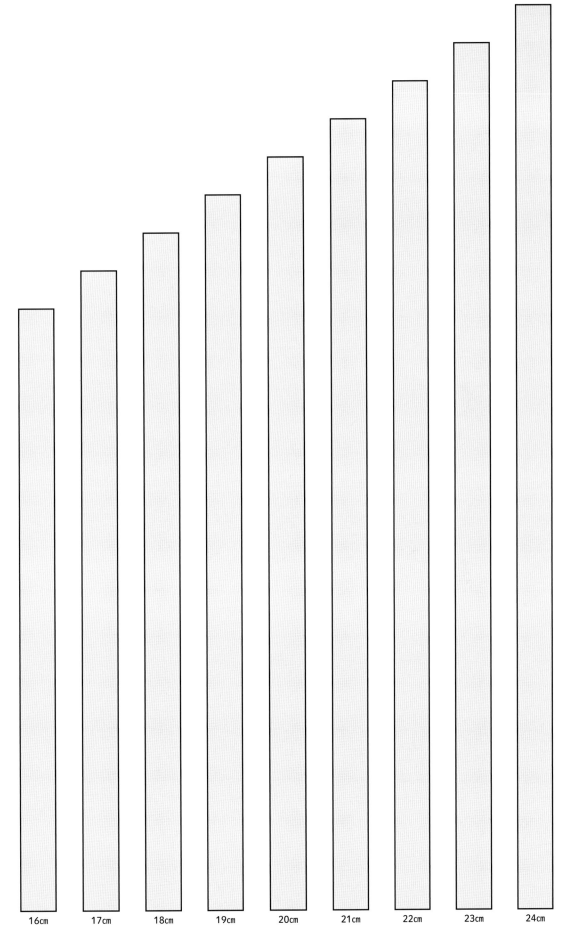

16cm   17cm   18cm   19cm   20cm   21cm   22cm   23cm   24cm

市松模様のバッグ （32·33 ページ）

色画用紙などにコピーして、お使いください。A4 サイズには 141%、
B5 サイズには 122%拡大してお使いください。

武田真理恵（たけだ まりえ）

ラッピング・コーディネーター、おもちゃコンサルタントマスター、MARIE
FACTORY 主宰。秋草学園短期大学地域保育科非常勤講師。
幼稚園教諭として勤務。モンテッソーリ教員ディプロマ取得。1996（平成
8）年より芸術と遊び創造協会にて子どもアートスクール講師、ラッピング
コーディネーターおよび講師としての活動を開始。著書に『イベントラッ
ピングとカード』（主婦の友社）など。 TV番組にも多数出演している。

STAFF

撮影：竹中博信（スタジオエッグ）
モデル：嶋野篤仁、嶋野綸仁、嶋野衣都、上原瑠華、上原璃久
装丁・デザイン：平塚兼右、新井良子、矢口なな（PiDEZA Inc.）
編集：こんぺいとぷらねっと
印刷：宮永印刷

とことんあそぶっく
とことんラッピングあそび

2020年7月1日　第1刷発行

著　者　武田真理恵 ©
発行人　柴田豊幸
発行所　株式会社チャイルド社
　　　　〒167-0052　東京都杉並区南荻窪4-39-11
　　　　TEL 03-3333-5105
　　　　http://www.child.co.jp/